AF555111

RÉGLEMENT D'ÉDUCATION NATIONALE

MIS SOUS LES AUSPICES DE M. BERNARDIN DE ST. PIERRE,

Auteur des Études de la Nature.

PLAN suivi d'un Recueil des Vues bienfaisantes, de cet Ouvrage pour le Peuple, & qui en sera comme le Ve. tome.

IL sera enfin terminé par un Plan de Vie Patriarchale & Champêtre tel que l'auroit exécuté Paul & Virginie, s'ils eussent vécu.

Pourvoir aux pressans besoins des plus malheureux, est mon Etude.

.... Miseris succurrere disco. *Æneid. I.*

A Generalif. 1789.

A MONSIEUR BERNARDIN DE ST. PIERRE.

MONSIEUR,

Je remis à Mr. le Comte de Mirabeau quelques jours avant son départ de Provence pour les Etats Généraux, un plan de vie patriarchale pour faire mener à tous mes enfans la vie qu'auroit mené sans doute Paul & Virginie ; eux qui se disoient : vois nos oiseaux ; élevés dans les mêmes nids : ils s'aiment comme nous ; ils sont toujours ensemble comme nous. *De plus, un plan d'Education en partie pour mes enfans & en entier pour leur postérité : éducation presque toute en jeux & en exercice à l'instar de celle de la République de Platon, & de celle que vous voudriez qui fût établie dans les Ecoles de la Patrie, à en juger par les principes sur lesquels vous desireriez qu'on les fondât.*

Après avoir tracé ce plan, je l'ai entiérement trouvé conforme à vos principes sur l'éducation ; heureux présage de sa bonté. Je placerai à sa suite cette application si fortunée & si propre à l'éclairer & à l'embellir.

Ce fruit que j'ai retiré, Monsieur, de vos études, m'a fait penser d'en détâcher de même les autres vues pratiques, tant en sentimens qu'en exercices, comme on cueille les fruits d'un bel arbre; pour pouvoir s'en nourrir, & les mettre à la portée de cette classe d'hommes la plus nombreuse & la plus nécessiteuse qui vous est si à cœur. Ce qui me fait espérer que vous ne désapprouverez pas ce dessein dont je vous fais le plus entier hommage, tant par reconnoissance particuliere, que comme d'un bien qui vous appartient, & auquel je ne prétends que la gloire d'en avoir joui le premier de cette maniere.

M'étant proposé que mon plan d'éducation pourroit être utile à l'Etat, j'avois prié Mr. le Comte de Mirabeau de vous le communiquer avant d'en faire usage dans cette vue pour vous prier de l'examiner avec la tranquillité dont il n'a plus joui dès-lors, de même que mon plan de vie patriarchale qu'il avoit lu auparavant, & où il m'assura avoir été charmé de mon imagination à la fois poétique & patriarchale.

Cet éloge m'inspira l'ambition de vous prier d'adopter ce plan & celui sur l'Education comme une suite des Etudes de la Nature, & son Auteur pour votre fils d'alliance, comme celui de vos admirateurs le plus fidelle & le plus tendre.

J'avois prié encore Mr. le Comte de Mirabeau de vous faire part d'un extrait précieux, & aussi *nécessaire qu'indispensable, que j'avois fait pour le Peuple, du profond Traité de l'*Importance des opinions religieuses, *intitulé* : Exhortations à la Vertu & à la Religion ; *mais présumant bien que cet ami de la Nation n'a pas eu le loisir de cela avant de s'enfermer dans le sanctuaire de Versailles, ni même de vous faire passer les autres Manuscrits, je suis impatient de pressentir votre jugement sur leur compte, en vous envoyant,* MONSIEUR, *une réduction de mon Plan d'Education faite du depuis sur des nouvelles idées touchant la facilité & l'universalité de son exécution. Les nouvelles autorités que j'ai tirées des Etudes de la Nature sur ce sujet, ont redoublé mon empressement.*

J'avois pensé d'intéresser à ce plan Mde. la Baronne de Stal, puisqu'il met son sexe dans la même balance du nôtre, & à l'engager, au nom des vertus & des talens qui la distinguent, de le recommander au pere de la Patrie qu'elle se félicite d'appeller sien, & avec autant de gloire & plus de droit que la fille d'alliance de Montaigne ; mais ignorant si cette Dame illustre n'est point aussi dans les barrieres de Versailles, je ne puis mieux faire que de remettre tous ces intérêts à celui qui a fait les premiers voeux & les plus ardens pour le soulagement des maux de l'humanité, quoique j'en appelle à vous de ceux que je formois, il y a douze ans, dans mon Projet de Communauté philosophe, ou, *comme dans l'emblême dont je l'ai décoré* :

» . . . . Le Ciel offre à nos cœurs
L'image des vertus, le modele des mœurs.
Dans cette République un esprit unanime
Conduit les citoyens, les fixe, les anime,
Tous ensemble au travail, tous ensemble au repos. »

Pour vous prier au nom du Ciel de vous intéresser à mon plan vous & les personnes distinguées qui peuvent le séconder, au rang desquelles je mets éminemment Mr. le Comte de Mirabeau qui m'a juré d'aimer & de protéger mes Ouvrages, je vous envois, MONSIEUR, *une premiere feuille d'impression mis au net d'une doctrine de la Bible, Ouvrage voté par des personnes les plus respectables & les plus chéries que je connoisse. Vous recevrez aussi sous ce pli le nombre de vos tableaux que je souhaite que vous mettiez dans les petits Portefeuilles des Gens du Peuple.*

Je suis avec le plus profond respect & le mieux senti,

MONSIEUR,

Votre très-humble & très-obéissant serviteur,

A Generalif.
A F...... en Pr.
2 Juin 1789.

A MONSIEUR
DE MIRABEAU,

L'ami de sa Nation, & son Député à l'Assemblée Nationale.

MONSIEUR,

Ce n'est qu'avec trop de fondement que j'ai pensé que vous n'auriez point le loisir de vous occuper de mes Plans avec tous les orages qui n'ont cessé de vous assaillir depuis le jour que j'eus l'honneur de vous les remettre à Aix. J'espérai que M. de Saint-Pierre pourroit en avoir davantage dans les hauteurs inaccessibles de la Philosophie, & je me suis trompé. Il s'occupe, comme il m'écrit, à rouler son tonneau dans ce remue-ménage. Je vois que vous n'en êtes pas encore au mien, touchant l'Education; à ces dernières Loix de la sociabilité, qui forment l'enchaînement & la parfaite rotabilité du cercle politique.

Mes idées sur cette partie vous seront assez recommandables, si elles sont bonnes, comme me faisoit croire M. de Saint-Pierre, qui en me disant : que je les exprime quelquefois de la maniere la plus neuve & la plus frappante, a la bonté d'ajouter que plusieurs lui ont paru dignes de la plus grande considération, & qu'il s'estimeroit heureux de pouvoir augmenter, à cet égard, leur nombre. J'ai ajouté des nouveaux motifs dans le Réglement d'Education Nationale, que j'ai fait imprimer, aux détails du Plan d'Education par Jeux que j'eus l'honneur de vous remettre. Si vous jugez qu'il soit mieux de les faire imprimer ensemble pour les présenter à l'Assemblée Nationale, je vous prie de m'envoyer ce manuscrit, étant plus au net que ses précédentes copies.

Pressé de vivre & de vivre un peu pour moi, je vous prie aussi, Monsieur, de m'envoyer, par la même raison, mon Plan de Vie Patriarchale & mes Exhortations à la Vertu, afin que je puisse mettre au jour ce qui dépend de moi & ce qui s'y réfere. J'avois eu l'honneur de vous mander que les dessins de ma fontaine m'étoient nécessaires pour son exécution ; mais je me console que celle de vos exploits immortels l'aient ainsi retardée, pour pouvoir en graver l'heureux souvenir sur ce monument domestique que j'éleve au Génie.

L'on prétend que vous rendrez les Juges responsables de leurs Jugemens ; mais je souhaiterois que vous prévinssiez même cette fâcheuse nécessité, en les rendant plutôt responsables des consultations particulieres de toutes les causes respectives qui pourroient venir à leur Tribunal, en les leur faisant consulter anonymement, & les rendant Oracles de leurs Jugemens avant qu'ils les rendissent ; afin qu'avertis par la Justice, ils n'osassent plus la violer. Cet expédient de former ainsi une Chambre de Consultans, à tour de rôle, dans la Magistrature, en seroit une double épreuve. Quant à la méchanique de cet Oracle précurseur des Jugemens, rien de plus aisé. Ce moyen pourvoiroit à la religion des Juges, à la paix & à la tranquillité des Citoyens, en anéantissant ou en faisant accommoder la plus grande partie des procès.

Ainsi, je souhaiterois que le Bureau des Législateurs ne négligeât rien pour que les Loix Civiles empêchassent le besoin des Loix Criminelles, suivant cette pensée : que le crime ne vient que de l'aveuglement & de l'inquiétude dans la recherche du bonheur. Par exemple, le Soldat, auquel nos Conseillers viennent d'avoir le plaisir d'infliger le dernier supplice, ne l'a mérité que par la faute de l'Ordre Militaire, qui laisse porter leurs armes aux Soldats dans les tavernes, & qui ne les instruit pas qu'hors le poste de sentinelle; il n'y a point d'infamie à les abandonner.

Les Législateurs doivent rendre le bonheur si aisé à tous les hommes, qu'ils y soient plutôt conduits par le train de vie que les Loix doivent établir, que par la simple déclaration de leurs dispositions, & moins encore par leur réflexion; car le vrai corps politique ressemble à un individu dont une partie se plait à obéir à celle qui doit commander.

Souffrez à cet égard que je vous prie de lire la Pensée premiere de la Beaumelle, deuxieme partie de ses Pensées, qui sert de texte à la conclusion de la *Maison de Réunion de ma Communauté Philosophe* : & puisque vous en serez là, de voir si la multiplication de cette Maison, soit pour la classe rustique de la société, ou pour la classe riche ne cadreroit avec l'ordre politique & leurs objets principaux, la paix générale & la liberté individuelle.

» Tranquillité, Douceur, Plaisir, Contentement! O Pope! ô Morus! ô Mabli! ô Mirabeau!

Je ne crois pas avoir besoin de vous recommander, Monsieur, une constitution pareille à celle de Sparte, que l'Oracle mit au rang suprême; mais j'aurai d'autant plus de droit à vous en rappeller une semblable ; qui existe au milieu de nous, malgré la corruption de nos mœurs publiques, qu'elle m'a prié de mettre son institution sous les auspices du Gouvernement. C'est la seule association actuelle d'hommes qui ait mérité des regards de complaisance & des éloges de l'Ami des Hommes, le premier des régénérateurs de la Nation. Elle vous a intéressé aussi, sans doute, à ce que je compris dans notre courte entrevue, par les diverses lettres que vous aviez vu qu'elle m'écrivoit.

Les troubles des dissentions civiles nous empêcherent de nous entretenir de ces idées de la paix & du bonheur. Nos projets à cet égard furent toujours rompus, & vous m'en témoignâtes plusieurs fois le regret ; mais quand le Ciel nous a rendus la paix & la tranquillité, & qu'il vous commande le rétablissement de la Justice, vous n'oublierez pas que la parfaite Union des hommes est le but suprême des Loix.

Dans la Brochure, que j'ai l'honneur de vous envoyer, vous trouverez, Monsieur, le Réglement d'Education Nationale que j'ai projetté d'après mon Plan d'Education par Jeux ; un Hors-d'Œuvre pour l'instruction des personnes qui se mêlent de l'Education ; & une premiere feuille d'un Esprit de l'Ecriture-Sainte qui présente la Morale Patriarchale ; afin de seconder les heureuses Loix que vous allez donner, conformes à celles que le Créateur a gravé dans le cœur de tous les hommes, & qui ont le plus éclaté dans la vie ou les écrits de ceux qui ont été plus fidelles observateurs de ces traits divins.

Je suis avec un profond respect,

MONSIEUR,

Votre très-humble & très-obéissant serviteur.

A S^{te}. C. près L. T. 9 Septembre 1789.

A MONSIEUR DE VOLNEY,

Secretaire de l'Assemblée Nationale.

MONSIEUR,

J'apprends que M. Clerc, ancien Directeur de l'Institution Impériale des Cadets Russes, vient de présenter à l'Assemblée Nationale un Plan d'Education. J'avois apperçu dans sa premiere Institution le défaut de ressembler trop à la méthode dogmatique & pédantesque ennemie de la Jeunesse & du bon sens. Je l'avois remarqué dans un Tableau de son Plan Russe que je mis en parallele avec un que je fis pour un projet de Communauté philosophe, & que je détache de cette Brochure pour le mettre ici sous vos yeux au cas que vous fussiez bien-aise de comparer nos anciens Plans avec les nouveaux.

Jugez de mon empressement à souhaiter que la question sur la meilleure sorte d'Education soit décidée aujourd'hui que mes vues pourroient être adoptées pour le bien de toute la France, & que j'ai rendu mon Institution si propre à la Jeunesse, qu'elle n'emploie d'autre motifs pour la porter à s'instruire que les penchans que la Nature lui inspire dès ses plus tendres années pour s'éclairer des connoissances nécessaires à l'homme. Oh! combien cette méthode ne seroit-elle pas à préférer à celle qui fait dépendre tous ses succès de l'empire tyrannique & incertain des maîtres.

Il me semble que c'est là un nouveau point d'Aristocratie à examiner, d'autant plus important, qu'il regarde les plus foibles des Citoyens depuis si long-temps victimes d'un joug odieux, & d'autant plus dignes de compassion, qu'elles sont moins en état de la réclamer.

Oui, Messieurs, il faut que le génie soit aussi libre pour naître que pour produire, comme il faut que les Citoyens pour vivre ne soient pas enchaînés; vous avez brisé les chaînes du Peuple, vous devez enfoncer les barrieres cruelles des Colleges, & je vous demande de rendre leurs infortunés Eleves à la Nature leur mere, par une Institution qu'elle seule aura dictée, & non ceux qui ont eu intérêt de profiter jusqu'ici de l'abrutissement des Citoyens & de leur aveuglement.

J'ai songé à mettre ces deux qualités synonymes, la liberté & la vertu des enfans, comme vous faites de celles des hommes, à l'abri de l'ignorance, de l'insensibilité & du caprice de leurs tuteurs; c'est pourquoi mon Plan d'Education est presque tout méchanique; il ressemble à l'ordre qu'avoit mis Vaucanson dans sa maison pour ne pas se reposer de son soin sur ses domestiques:

ainsi dans mon Plan l'art tient lieu de Précepteurs, & M. de St. Pierre m'a loué à bon droit d'avoir dit : l'Education doit être le plus ingénieux des Arts, puisqu'elle les renferme tous. *J. J. Rousseau avoit très-bien dit, d'après toute la philosophie, que nos sens doivent être les premiers précepteurs ; mais cette maxime n'a point encore été réduite en art, malgré les profonds raisonnemens de ce Philosophe, ni les vœux patriotiques du sage Helvetius, qui rapporte tant d'exemples des plus grands hommes tous formés suivant les mêmes principes. Eh ! que ne deviendroient pas nos enfans, s'ils étoient élevés par toutes les circonstances réunies de cette méthode simple naturelle & libre du génie.*

Il appartient à ce siecle pratique de composer cet art de l'humanité si conforme aux inspirations de la Nature & le seul propre à donner des Citoyens qui aient, comme vouloit Agesilaus, appris, étant enfans, à faire tout ce qu'ils doivent étant hommes. Le Gouvernement avant même sa régénération, avoit pris, il y a un couple d'années, sous sa protection l'établissement du cours de Jeux instructif fait à Paris par M. l'Abbé Gaulthier. Nous n'avons cependant jamais vu faire mention en Province que de son Jeu de la Géographie par découpures, & j'ignore l'étendue, ni le Plan de son cours. Mais depuis long-temps j'avois eu cette idée, qui m'est commune avec l'Auteur de Pamela & celui du choix des Etudes ; je l'ai développée dans un Plan d'Education par Jeux manuscrit qui est entre les mains de M. de Mirabeau & que j'eus l'honneur de lui remettre avant son départ pour l'Assemblée.

Il est sûr qu'une telle méthode pouvant suppléer à l'habileté des Maîtres ou à leur défaut & en dispenser absolument, est préférable à celle qui leur soumet nécessairement la Jeunesse sans leur donner une instruction aussi efficace ni aussi utile & pure. Elle n'exige de la part du Gouvernement que des ordres pour la fabrication des Jeux artistes, & de la part des peres que la simple acquisition qu'ils en feroient.

Au moyen d'une Institution si aisée, je pense comme le bon Plutarque, que la Commune devroit gratifier d'une même instruction que celle des enfans des riches, ceux qui naissent dépourvus par la fortune, afin de faire prétendre ceux-ci à ces faveurs égales, pour faire la félicité & la paix des Citoyens, comme la concorde & la plus grande prospérité sont le fruit du même avantage entre freres.

J'en ai trop dit sans doute, Monsieur, pour une société de Législateurs qui verra dans mon esquisse de Réglement d'Education Nationale & dans mon Plan d'Education par Jeux infiniment mieux que je n'ai pu imaginer & dire. Quelque imparfait que soit mon Ouvrage, j'espere que vous *voudrez bien le leur présenter comme l'hommage pur des vœux d'un Citoyen qui est pere.*

J'ai l'honneur d'être,

MONSIEUR,

Votre très-humble & très-obéissant serviteur,
D'HUPAY DE FUVEAU.

A Fuveau en Provence
4 Décembre 1789.

Nota. Les talens de M. l'Abbé Gaulthier étant marqués pour une pareille Institution, par l'approbation que lui avoit déja donnée le Roi ; l'Assemblée Nationale auroit en lui un Directeur pratique de la fabrique des Jeux artistes qu'elle jugera à propos d'ordonner d'après nos Plans.

REPONSE
DE M. BERNARDIN DE SAINT-PIERRE,
A la Dédicace de ce Réglement.

MONSIEUR,

J'ai trouvé dans vos ouvrages un ami de l'humanité; & quoique les dernieres pages de votre Communauté philosophe m'aient paru incompatibles avec les lois de la nature, ainsi qu'elles l'auroient paru à Jean-Jacques, je n'en ai pas moins rendu justice à votre érudition & au zele qui vous enflamme pour le bonheur des hommes.

Je suis trop flatté de l'adoption que vous avez faite de mes études de la nature & des extraits que vous en destinez au peuple. Je vous remercie de l'estime dont vous m'honorez. Avec autant de zele que vous en avez pour le bonheur des hommes, on fait tôt ou tard du bien. Je m'estimerois heureux si j'avois pu augmenter à cet égard le nombre de vos idées.

Plusieurs de vos idées m'ont paru dignes de la plus grande considération, & vous les exprimez quelquefois de la maniere la plus neuve & la plus frappante; telle est celle-ci sur l'Education: *l'Education doit être le plus ingénieux des Arts, puisqu'elle les renferme tous.*

Agréés les témoignages d'estime & de reconnoissance avec lesquels j'ai l'honneur d'être,

MONSIEUR,

Votre très-humble & très-obéissant serviteur,

Paris 9 Août 1789. DE SAINT-PIERRE.

REPONSE DE M. DE VOLNEY,

SECRETAIRE DE L'ASSEMBLÉE NATIONALE,

Sur la présentation de ce Réglement.

Paris 27 Février 1790.

MONSIEUR,

Votre paquet des brochures m'a été remis en son temps, & j'en ai fait la distribution entiere & exacte. Cette partie sera traitée séparément après le Pouvoir Judiciaire, & les Membres du Comité à qui j'ai communiqué vos idées, seront dans le cas d'en faire usage.

J'ai parcouru, autant que mes affaires ont pu me le permettre, votre Plan d'Education. Vos intentions sont dignes d'éloges; mais je ne puis être d'accord avec vous sur l'exécution ni sur les sujets de votre enseignement. En tout cela je vois beaucoup de choses inutiles & même nuisibles; & je n'y trouve point la chose importante, la science usuelle des choses journalieres & triviales dont tout le monde veut parler, & que bien peu de gens savent.

J'ai l'honneur d'être parfaitement,

MONSIEUR,

Votre très-humble serviteur,

C. VOLNEY, Député.

APOLOGIE DE CE RÉGLEMENT,

Sur la Réponse de M. de Volney.

A faute de cette proportion nous gâtons tout. Et de savoir choisir & s'y conduire bien mesurément, c'est une des plus ardues besoignes que je sache : Et est l'effet d'une haute ame & bien forte, savoir condescendre à ces allures puériles ET LES GUIDER. *Essais, l. 1. ch. de l'Inst. des Enfans.*

MON plan d'Education Nationale n'est point pédagogue, parce que des pères ne sont ou ne peuvent être pédagogues, qu'il ne peut y avoir de ceux-ci par-tout, & qu'il ne doit plus y en avoir dans le siècle de la Liberté. Cependant l'Education doit régner en chaque lieu où il peut y avoir un seul Elève ; car il faut pouvoir dire d'elle comme de la Sagesse, qu'on ne doit point la séparer de la nature. C'est pourquoi mon Plan ne consiste qu'en des Lectures & des Jeux de la plus facile & de la plus agréable direction pour des parens d'un esprit même le plus borné.

Ces Jeux & ces Lectures doivent donner aux enfans le goût & la pratique des Arts & des Sciences les plus essentielles à un Citoyen : c'est ce qu'un esquisse de mon Plan & de ma Méthode vont retracer à ceux qui ont une idée juste de la science usuelle & de sa méthode la plus naturelle, & qui ne se plairont pas, comme on vient de le voir dans la lettre que m'a répondu Mr. de Volney, ancien Secrétaire de l'Assemblée Nationale, à faire de cette science un mystère & une énigme.

1°. Suivant mon Réglement, l'Education peut se commencer à quelque âge que l'on soit, par son indépendance absolue des Maîtres, ce qui est un grand caractère d'une Education nationale, puisqu'elle met la moitié de la race actuelle en état de réparer son Education; mais l'enfance est le commencement naturel de mon institution jusqu'à l'âge de quinze ans, terme d'une instruction élémentaire.

Des Jeux progressifs des Arts les plus nécessaires à un Citoyen, sont le prélude de cette instruction, & dans leur simplicité n'ont rien de frivole pour un âge avancé qui ignoreroit la pratique de ces Arts.

En les indiquant, je laisse aux meilleurs Artistes la construction de ces Jeux, & l'ordonnance de leurs fabriques au Gouvernement, quoique j'en aie confié un plan de détail à Mr. de Mirabeau.

Cette partie méchanique de mon systême le rend plus à portée de tout le monde, & sur-tout du premier âge, en ne s'adressant qu'aux sens, & elle se trouve encore cependant la méthode qui a formé les plus grands génies qu'on a cru si privilégiés de la nature.

Le premier de mes Jeux est l'Agriculture; les suivans sont ceux de l'Architecture rustique, civile & navale; de l'Economie domestique; des divers Métiers de l'un & de l'autre sexe; de l'Arithmétique calculatoire; de la Gravure à jour pour goûter tous les principes du dessin & connoître tous les caractères de l'Ecriture, ceux de la Musique, de la Géométrie; les Jeux de lever les plans avec la planchete & de les laver; de la Physique expérimentale; d'une Ménagerie; de l'Ostologie humaine & animale par des squeletes artificiels; de la Botanique par la formation des cahiers, suivant trois ou quatre genres usuels & la manière de les remplir en dissicant; ceux de la Gymnastique & de la Musique naturelle, si agréable à tous les âges; enfin de la Peinture & de la Géographie que ne dédaignent point même les personnes sensées dans les secrets du premier de ces Arts, & le parquetage du second qu'a inventé M. l'Abbé Gaulthier, pour rendre toutes les parties du globe palpables.

L'usage des outils de ces Jeux & des opérations qu'on doit exécuter par eux, seront démontrées dans un petit imprimé composé par leurs Auteurs, & qui accompagnera pour cela chaque caisse des instrumens d'un Art.

Mr. de Volney n'est point d'accord sur *l'exécution, ni sur les sujets de mon enseignement ; il y voit des choses inutiles & nuisibles, & n'y trouve point la chose importante, la science usuelle des choses journalieres dont tout le monde veut parler, & que bien peu de gens savent.*

J'avoue qu'il est difficile de connoître cette science, si elle n'est point dans les objets dont je viens de faire l'énumération, & qu'ils sont inutiles s'ils ne sont pas les élémens des sciences les plus relevées, comme des choses les plus triviales ; qu'ils sont nuisibles même, s'il est mal de faire un jeu de la science des choses, comme on en fait chaque jour un même de celle des mœurs, pour les insinuer d'une manière plus persuasive à tous les âges, & que mes préludes d'expériences ne conviennent pas encore plus particulièrement aux choses physiques ou matérielles.

Je suis persuadé néanmoins que cette méthode suffiroit seule pour former l'esprit à toutes les notions usuelles & élémentaires des Arts & des Sciences. Cependant quand elle l'a éclairé sur l'exécution de tous les objets matériels de la vie, je ne vois rien de plus naturel & de plus conforme à une Education libre que l'on veut mettre à la portée de tout le monde, que d'expliquer tous ces objets & leurs usages dans les

diverses

diverses sciences morales, telles que l'Histoire naturelle, la Théologie, la Politique, le Commerce & la Médecine que par le moyen d'un cours de Lecture, grand & souverain moyen d'Education que Madame de Sevigné, aussi tendre mère que spirituelle, avoit choisi pour ses petits-fils.

J'entrerai encore dans quelque détail sur cette seconde & derniere partie de mon Réglement d'Education nationale, pour le justifier du reproche d'inutilité qui lui a été fait par un membre de l'Assemblée Nationale qui doit le juger. Premiérement, pour rendre le plutôt & le plus efficacement expert dans la lecture, sans aucune peine de Maître ni d'Eleve, je donne les fiches de Bertaud, adoptées aujourd'hui dans la Capitale par les plus habiles Maîtres, & dont une bonne femme peut néanmoins faire faire usage.

Secondément, je prescris la méthode de Locke pour enseigner à écrire, mais d'une manière plus expéditive en des modeles rouges *gravés* & en caractères *ordinaires* d'écriture pour en accélérer l'instruction.

Troisiémement, pour enseigner d'un seul coup la belle Ecriture, la Religion & la Morale par un livre le plus à la portée de tout âge, je donne le prospectus d'extraits de la Bible à faire buriner, & pour rendre la sainteté & la vertu sensibles à la jeunesse comme à tous les âges qui malheureusement ne les connoissent point, je veux qu'on accompagne ces pièces d'écriture des belles figures de l'ancien & du nouveau Testament nouvellement faites par M. Mariller. Ces objets touchans graveront dans le cœur & la mémoire des enfans les plus belles maximes de ces exemples, qui doivent être mises au bas de ces superbes tableaux.

L'activité utile si précieuse aux gens vertueux & si inconnue aux corrompus, est nourrie dans mon Plan par l'habitude des travaux de main propres à chaque sexe.

Les leçons en règle de Musique, de Danse & Dessin, mais données comme celles des conservatoires d'Italie, sans consumer autant de temps que font nos Maîtres d'argent, ne me paroissent point un temps perdu; si dans l'art de la vie, comme dans tous les autres, l'agrément doit être joint à l'utilité. D'ailleurs, mes Jeux conduisent à l'acquisition de ces Arts sans Maîtres, les seuls pour lesquels j'avois parlé de cette triste engeance.

Les Themes ou Versions toutes faites de Mr. de Bois-Germain des langues Angloise, Italienne, Latine ou Allemande, n'exigent pas plus de Maître pour nos Elèves que leurs anciens Jeux, soit que leur goût ou leur destination les porte à apprendre l'une ou l'autre de ces langues.

Les leçons de harpe de Mr. Corbelin sont aussi faciles & secondent parfaitement le goût de mes préludes d'Education pour un art qui est le plus grand charme de la vie présente, parce qu'il est sans doute lui-même le prélude de la vie future.

Ces occupations frivoles en apparence, mais nécessaires à la composition de notre félicité, sont soutenues dans nos Eleves par les recréations de leurs Jeux artistes plus agréables pour eux, quoique l'objet en soit plus sérieux, & par le travail des mains destiné à occuper l'esprit, quand il se repose; la prière enfin qui commencera tous leurs exercices & sanctifiera une grande partie de leurs jours de repos, consacrera toute l'aurore de leur vie au Créateur.

Après ces essais fondamentaux de tout ce qui est bon, agréable ou utile, il ne reste plus pour en donner une expérience suffisante à des Eleves, que de leur montrer tout l'usage de leur emploi dans l'histoire des sciences. Je crois qu'il n'y en a point de tableau plus agréable & plus universel, & à la portée des jeunes esprits, que la Bibliotheque universelle des Dames dont je conseille la lecture à la derniere ou plus haute classe de mes Eleves, afin de décider par là leur talent à chacun, & les porter à embrasser la profession qui y conviendra le plus.

Ce nouvel exercice procurera encore, par l'universalité des connoissances, la profession d'homme universel, synonime avec celle d'honnête homme ; car qu'est-ce que celui qui ne sait que son Art, & ne connoît pas au moins l'utilité & l'agrément des autres ? il est privé lui-même de mille commodités de la vie, & il peut être très-désagréable ou même inutile & nuisible aux autres. (1). Tel est donc le fruit dont parle Montaigne, d'allecher l'appetit vers la Science, & de plutôt l'épouser que de la loger simplement chez soi ; ce qu'ont trop fait jusqu'ici nos Collèges, en nous abrutissant plutôt qu'en nous poliçant.

Je fais suivre la connoissance des livres de goût à celle des choses, puisqu'elle en montre le choix. Je joins à celle-ci quelque exercice de la Déclamation, qui met dans son plus beau jour l'ame & l'esprit d'un honnête homme, & complete l'éloquence du cœur.

A toutes ces notions évidentes des Arts, des Sciences & du goût, je n'ai cru pouvoir rien ajouter pour des Eleves âgés de 15 ans

(1) Ne fait-il pas grincer l'esprit d'entendre dire au fameux Tasse, que dans la plaine de Tortose au pied du Liban, on voyoit lever le Soleil dans l'onde ? Être trompé par la folie & l'ignorance, c'est trop.

que quelques détails particuliers sur la santé, afin de les faire arriver au double but de l'Education qui regarde la santé de leur esprit comme celle de leur corps.

Il est heureux pour mon plan & pour moi-même, que M. de Volney l'ait traité d'inutile & de nuisible, parce que cela m'a donné lieu de considérer toute son utilité & son avantage, non seulement pour la Jeunesse, mais même pour les hommes; car si l'instruction est nécessaire à tous, il est du caractère d'une Education nationale de pouvoir s'adresser à tous les âges. La distinction jadis marquée pour le seul âge qui devoit être instruit, n'étoit faite que par des Pedans, à la fois flatteurs & tyranniques.

Je profiterai le premier de mon Projet en m'associant aux Jeux de mes enfans, & je ménagerai ainsi ce qu'auroit de rude l'instruction pour ma vieille ignorance. Je ne crois pas que ce cours où je devancerai vraisemblablement ma famille, me rende plus inepte à apprendre un jour, ou à deviner *la chose importante* de M. de Volney, *cette science usuelle des choses journalieres & triviales dont j'ai voulu parler, & que bien peu de gens savent.*

En attendant, il faut néanmoins que je témoigne ma satisfaction de la conviction que me marquoit autrefois Madame la Barone de Stal, de mon talent à développer mon Plan, & du bon augure que m'en donna M. de Mirabeau, en m'invitant après l'avoir lu au milieu de toutes les bagarres qui agitoient la Provence à la veille de son départ pour l'Assemblée, à passer la moitié d'un jour avec lui pour en conférer, ce qui lui fut enfin absolument impossible.

NOTA.

Si je me sers de Maîtres dans mon Réglement d'Education pour les Ecoles publiques, ce n'est qu'en qualité de Directeurs de mes Jeux & de mes Lectures, & pour suppléer à ce soin des pères de famille dans le sein des Villes où ordinairement leurs occupations les en empêcheroient. Je ne veux rien d'ailleurs qu'on leur laisse à faire pour l'ordonnance, souhaitant même que toutes les fonctions publiques de Médecine, de Prêtrise & de Jurisprudence, comme celles d'Education, soient tellement réglées par un Code public, que l'on ne laisse rien à omettre à l'ignorance ou à la mauvaise volonté des gens de ces professions, mais que leurs moindres actions soient éclairées & surveillées par le public ainsi instruit de leurs obligations, comme partie intéressée à leur plus fidelle observance.

Mrs. les Directeurs des parties de la nouvelle Encyclopédie par ordre de matière, seroient mieux en état que personne à régler la construction de mes Jeux artistes, & à rédiger le Code d'Education dont je viens de parler relativement à ces Jeux & à la partie littéraire, étant plus à portée de connoître que moi les bons livres élémentaires qui se font journellement. Mes Jeux à part, j'avois fait des vœux pour que cet objet d'institution pour les hommes, ainsi que pour la jeunesse, pût s'établir dans chaque Municipalité. Il n'égaleroit pas par les frais ces Bibliotheques royales établies dans des lieux où l'on peut davantage s'en passer, mais il les surpasseroit par leur utilité dans tout le Royaume. De telles Bibliotheques seroient si peu coûteuses, qu'après le catalogue qui s'en trouve à la fin du plan de mes Jeux artistes que j'ai remis à M. de Mirabeau, j'en voulois faire l'acquisition à mes frais pour ma patrie. Je me trouve aujourd'hui déchargé de ce soin par le nouveau Gouvernement Patriotique : mais souvenons-nous avec Balzac, *qu'il faut peu de livres pour être savans, & qu'il en faut encore moins pour être sages.*

Je vote encore (pour subvenir, suivant mon

Epigraphe, aux nécessités humaines les plus urgentes, & j'en présente la motion par le fils de l'ami des hommes), qu'il soit permis à chaque Municipalité de faire d'abord l'achat de cette petite Bibliotheque publique, n'y ayant rien de plus instant que l'instruction générale pour le bien physique & moral. Ensuite, de garder annuellement, depuis le jour de la révolution, le vingtieme de son imposition, pour fournir du pain aux Ouvriers & Maîtres des grandes Villes, sur-tout de celles de Parlemens, chargés d'une nombreuse famille, se trouvant, par les circonstances, dépourvus de leur état. Voilà vraiment des créanciers de l'Etat à satisfaire aussi, puisque ce n'est pas seulement leur superflu & leur argent qu'ils lui ont prêté, mais leur propres personnes & leur nécessaire absolu.

Fin du Réglement d'Education générale & nationale.

A AIX, de l'Imprimerie de P. J. Calmen, rue Plate-Forme.

RÉGLEMENT D'ÉDUCATION NATIONALE.

» Un établissement qui devient tous les jours plus nécessaire. »

Prosp. de la Mais. d'Educ. pour les Dlles. à Lambesc par M. l'Archev. d'Aix.

LE défaut total d'éducation des Jeunes-hommes, au sortir des Colleges, institutions barbares autant qu'idiotes, leur donne une égale avidité, soit pour les lumieres, soit pour les plaisirs, quelquefois pour les uns & les autres ensemble ; ce qui fait des hommes aussi vicieux par l'abandon de leur cœur, que par la turbulence ou la pétulence de leur esprit.

Unir de pareils êtres à d'autres dont les sentimens ont été autant négligés, & dont l'esprit a été uniquement tourné à la vanité de la parure pour en faire son occupation la plus importante jusqu'à cette union ; c'est mêler des choses incompatibles.

Les premiers tendent sans cesse à sortir du vuide d'une institution nulle, parce qu'ils n'ont pas été dégradés par cette futilité des plus vaines ; mais les autres font de ce vuide un objet sérieux qu'elles regardent comme moyen unique de leur établissement ; & que, par un effet de leur éducation vicieuse, & de la nôtre, elles estiment encore presque toute leur vie comme le point essentiel de leur existence.

Enfin, l'on a senti le besoin de former de plus heureux assortimens de la postérité actuelle, & je vais tâcher de tracer pour nos enfans, d'où dépend principalement le bonheur de nos petits-fils, une route plus sûre de la félicité & de la gloire.

Le Gouvernement aujourd'hui citoyen, est intéressé à tarir promptement cette source capitale du mal, & à ouvrir au plutôt celle de tous les biens dans une Education Nationale.

Je lui offre un Plan qui peut s'exécuter dans trois mois par tout le Royaume ; qui est propre à l'un & à l'autre sexe, & à toutes les conditions de la société.

D'abord, on auroit une infinité de vastes Ecoles & Pensionnats, tous prêts, dans les Couvens des

Religieux & des Religieuses qui ne demandent pas mieux d'en sortir y étant trop isolés par le petit nombre auxquels ils sont réduits. Ces vastes Maisons, en partie louées à diverses Fabriques par des Economes Intéressés, deviendroient par leur étendue des Licées de la Patrie, plus convenables à toute sorte d'Instructions, que les antres obscurs & mal-sains de la Muse latine.

Ensuite, pour trouver de bons Gouverneurs & de sages Gouvernantes, ce seroit au Public à les indiquer dans chaque Ville à un Bureau composé des Peres de famille les plus éclairés. L'on n'admettroit qu'au second rang, dans ce Bureau, les Ecclésiastiques, parce que leur zele ne peut être qu'inférieur à celui des peres, & leurs connoissances trop éloignées de celles du Monde, ainsi que leur intérêt de celui de la Postérité, à moins qu'on ne leur rendît le plus noble privilege de l'homme d'y participer.

Il ne faudroit à chaque Maison d'Education qu'un Supérieur ou Supérieure, deux Gouverneurs ou Gouvernantes, & un Econome, soit que ce fût un Pensionnat ou un simple College.

L'inspection du Bureau des peres de famille vivifieroit sans cesse ces établissemens, en les surveillant à la maniere dont Dieu observe nos voies, en se cachant : ainsi toutes les Maisons d'éducation auroient des observatoires secrets dans tous les Lieux d'Exercice, afin que les Eleves & les Maîtres se regardassent sans cesse sous les yeux du Public, comme le vouloit un Philosophe de sa Maison.

Cette institution réuniroit ainsi les avantages de la sollicitude de l'Education Paternelle & ceux de la Regle & de l'Emulation d'une bonne Ecole.

J. J. Rousseau recommande essentiellement le premier de ces points dans ses conseils au Prince de Wirtemberg, à l'égard de l'Education Domestique de sa Fille; & le second dans ses Observations sur la Pologne, touchant l'Education Publique. Ces deux objets importans sont réunis dans ce Plan; & de la maniere dont je pourvois à chacun, ils ne peuvent avoir que le plus grand effet, soit dans l'une ou l'autre Education.

DES Jeux, Préludes des Arts, précedent les études de ceux-ci durant les Sept premieres Années de la vie dans le plan que j'ai remis à Mr. le Comte de Mirabeau, pour être présenté à Mr. Neker.

Mais comme tous les jeunes garçons & les jeunes filles n'ont point suivi cette méthode qui applanit si fort la route des sciences ou des talens utiles, comme l'ont heureusement expérimenté les Vaucanson & les Watteler, avec tous les personnages distingués dans les Arts de l'un ou de l'autre sexe; je vais tirer mon plan en racourci pour le profit de la Jeunesse dont il est question; en mêlant les Jeux Artistes avec les Etudes, ou même avec des ſimples Lectures ; & raſſembler dans la brieveté du temps qui reſte à nos enfans, au moins tous les objets d'une Inſtruction plus Détaillée.

Cette Education Senſible, Génerale & Conciſe, eſt peut-être plus convenable à la vivacité du jeune âge des Deux Sexes, & à ſa légéreté, & aux divers événemens qui peuvent retarder ou interrompre l'éducation, que la dure inflexibilité d'une inſtitution qui taille tous les ſujets à ſa meſure, & ne ſait pas ſe proportionner à toute ſorte d'âge des Eleves.

Je ſuis charmé que cette conſidération réduiſe mon plan pour le Beau Sexe, de maniere à ne lui faire prendre qu'une Idée Générale, mais ſenſible, des Principaux Arts de la Société, afin de me conformer à l'Avis de ceux qui penſent, qu'il ne lui en faut pas davantage pour nous plaire, en lui donnant pour ces Arts un ſimple goût de curioſité, qui l'affectionne à notre ſociété, & nous le rendre plus intéreſſant par-là, ſans le détourner des fonctions qui lui ſont particulieres & viſiblement marquées ſuivant ſa Conſtitution.

L'ordre des Claſſes que je propoſe, doit donc être relatif aux trois Epoques de l'Age auquel on applique ordinairement la Jeuneſſe à l'Inſtruction, c'eſt-à-dire, de 8 à 10 Ans, ou de 10 à 12, & delà juſqu'à 15, terme naturel d'une Inſtitution Elémentaire.

EXERCICES DE LA Iʳᵉ. CLASSE.

1°. *Lecture.*

Par les figures de Berthaud, augmentées par M. Million, mais sans cartes ou fiches, ce qui est plus hâtif pour les enfans qui ont assez d'imagination pour se souvenir d'un tableau de douze figures; les autres ne peuvent s'en passer.

Cette méthode est la plus agréable pour les Eleves & pour les Maîtres, les dispensant également de toute observation; elle est encore la plus courte & la plus efficace, quoiqu'elle enseigne en même temps, sans aucune regle de prosodie, à prononcer parfaitement le françois & même le latin. Tel fut le jugement qu'en donna l'Académie Françoise, & je l'ai expérimenté sur l'un de mes enfans.

2°. *Écriture.*

Suivant la méthode de Locke, dont ont usé avec succès mes enfans, au moyen de modeles en écriture rouge, que je leur avois fait faire, & qu'ils suivoient avec une plume trempée en noir.

On pourroit ſuivre avec plus d'économie cette méthode ſur des modeles en noir qu'on mettroit ſous du papier bien fin, & ces modeles étant ordinairement gravés, coûtent peu.

3°. *Récits & Lectures.*

Des Contes de l'*Ami des Enfans* & du *Magaſin des Enfans* de M^de. de Beaumont, ou des Etrennes d'un pere par M. Campe. On leur fera des lectures & des récits de ces livres, outre qu'ils s'y exerceront à lire.

4°. *Deſſein, Muſique & Danſe.*

Par imitation, ſuivant cette maxime : *maître peu de diſcours, mettez toutes vos leçons en exemples* ; d'après encore l'exemple d'Adele & Théodore, & celui plus réel des Conſervatoires d'Italie pour ces trois arts, où les maîtres ſont plus intéreſſés à faire avancer leurs éleves que les nôtres avec leurs éternels verbiages.

On ne donnera alternativement chaque jour qu'une leçon d'un de ces arts, pour ne pas ſurcharger l'eſprit des enfans, & ce ſera le matin.

Ces arts ſont non ſeulement agréables aux riches comme aux pauvres, pour diſſiper & ſecouer l'ennui des uns & les chagrins des autres ; mais ils peuvent encore leur être utiles ſans nuire à leurs occupations, comme chez la plupart des enfans de nos montagnars qui apprennent à jouer de la vielle ou du violon, & ceux du Peuple Anglais qui ſavent auſſi ſi bien deſſiner qu'écrire.

5°. *Jeux Economiques, Artiſtes, Mathématiques.*

Ils ſont préférables, dans les récréations des enfans, par le penchant de l'homme au génie, aux ſtupides imitations de notre frivolité. Mallebranche l'avoit apperçu, & d'ailleurs cette remarque eſt ancienne & mémorable; elle appartient aux Grecs, dans leurs propos de table, rapportés par Plutarque.

Ces Jeux ſeront l'Agriculture, l'Architecture ruſtique, civile & navale, l'Economie domeſtique, les divers Métiers de l'un & de l'autre ſexe; l'Arithmétique calculatoire; la Gravure à jour; la Géométrie & le Lavis des plans par l'uſage de la planchete; la Phyſique expérimentale; la Ménagerie; l'Oſtéologie humaine & animale; la Botanique; les divers exercices de Gymnaſtique; la Muſique naturelle; la Peinture & la Géographie.

Wattelet & Vaucanſon ne ſuivirent pas une marche ſi complette pour développer leur génie. Qu'on juge de leur effet ſur nos éleves. J'ai tracé tous les détails de ces Jeux dans mon Plan de Principe.

6°. *Travail des mains.*

De l'un & de l'autre ſexe demi-heure matin & ſoir. Il a trop de rapport avec l'activité de la vertu, pour n'en pas conſacrer l'uſage & l'habitude dans une éducation nationale, & y former peu-à-peu la jeuneſſe. Il procure ou fait le bien-être du corps; en ſatisfaiſant & en repoſant l'eſprit, il le récrée mieux que la plupart de nos jeux frivoles.

7°. *Priere.*

Elle eſt l'habitude, le ſceau, & le prix de notre nature immortelle, comme *le travail des mains* l'eſt de la partie de nous-même qui périt. Delà ſon importance, dans la méditation ſimple & continuelle de ſes objets, qui ſont tous réunis dans le *Notre Pere* de Jeſus-Chriſt. Nos éleves ne ſauroient s'accoutumer à répéter trop ſouvent cette priere de l'amour, de la confiance & de l'humilité, ce qu'ils feront au commencement & à la fin de chaque claſſe, en répétant poſement tous enſemble chacune de ſes demandes que le Gouverneur prononcera de même ſucceſſivement.

EXERCICES DE LA IIe. CLASSE.

1er. *Modeles d'Ecriture Instructifs.*

J'EN fournis des plus utiles à faire dans mes extraits de la *Doctrine & Exemples de la Bible.* Ce seront autant de leçons de belle écriture, de style, de morale & de piété.

Il est étonnant que l'Académie Françoise, qui a travaillé sans succès depuis dix ans à faire un livre de simple lecture de morale à la portée pour l'enfance, n'ait pas songé à puiser dans ce trésor d'une instruction universelle.

2e. *Exercice de Mémoire.*

En apprenant un peu à chaque classe du matin de tous les jours de la Semaine, pour réciter, à la fin de chaque, un des précédens modeles. On l'enseignera à la maniere des enfans du Catéchisme; mais à le débiter sur un meilleur ton qui facilite d'ailleurs la mémoire par sa connexion ou sa dépendance de la raison.

3e. *De Langue.*

Lecture commune demi-heure chaque jour & alternativement pour l'une de ces trois langues

Latine, Angloise & Italienne, des Leçons en exemples qu'en a donné M. Luneau de Boisgermain. Chaque éleve ou de deux en deux auront leur livre sous les yeux pour mieux suivre cette lecture, & être en état de la continuer à tour de rôle.

4°. *Musique, Danse, Dessein & Harpe.*

Une Leçon de cet instrument chaque jour, sans discontinuer l'ordre alternatif de ces trois derniers arts pour chaque jour l'un, établi en la classe précédente.

Je choisis le plus noble & le plus portatif des instrumens, & en même tems le plus beau pour une institution nationale. Cela n'exclud pas les autres, dont il sera fort aisé d'apprendre quand on saura jouer de celui-là. On en a une méthode excellente par M. Corbelin pour en jouer même seul; ce qui peut servir à un éleve ingénieux dont l'éducation a été bien suivie; & d'autant mieux par ce plan qui prête les mêmes facilités à l'une qu'à l'autre institution, avec ses méthodes méchaniques. Ainsi Vaucanson suppléoit par son art seul à un plus grand nombre de domestiques dans sa maison.

5°. *Travail des mains.*

Une heure matin & soir consistant en ouvrages, pour chaque sexe, de la couture & la coupe de leurs propres habits.

Durant le travail, lecture publique & à tour de rôle, des ouvrages de M. Campe, des conversations d'Emilie, & des Contes de Mille & Une Nuit pour leur donner le goût de la lecture & celui de la nature & de la vertu avec moins de gêne & de danger que dans la plupart des livres de morale & d'histoire destinés à la jeunesse, où on enseigne le mal avec autant d'art & de finesse qu'en mit le serpent tentateur d'Eve. Jean-Jacques disoit : » les Romans orientaux ont je ne sais » quoi d'attendrissant que n'a point tout l'apprêt » de notre morale seche.

6e. Recréation aux Jeux artistes.

A l'issue de la classe du matin & après celle du soir en hiver. En été on fera cette derniere immédiatement après dîné pour promener le soir après la classe; promenade qui aura lieu en hiver d'abord après le dîner, tant pour les Maisons d'éducation d'externes, que de celles de Pensionnaires, & tant de l'un que de l'autre sexe, suivant l'usage des Dames de l'Enfance de Jesus envers leurs Demoiselles Pensionnaires, & dont le Couvent est celui du Royaume le mieux monté pour l'éducation.

Dans les récréations des Jeux artistes, on fera

toujours obſerver, à chaque éleve, leur ordre progreſſif & encyclopédique, ſuivant mon plan; puiſqu'ils ſont mes rudimens d'inſtitution ſociale dans quelque claſſe où l'on ſe préſente.

EXERCICES DE LA IIIe. ET DERNIERE CLASSE.

1er. *Lecture ſcientifique durant le travail.*

On la fera à tour de rôle, pendant une heure & demie matin & ſoir. Ce ſera de la *Bibliothèque univerſelle des Dames*; livre je crois le mieux fait pour donner à la jeuneſſe de l'un & de l'autre ſexe ce goût vif de l'univerſalité des ſciences, fruit de la meilleure éducation & principal objet des Auteurs de cette Bibliotheque pour exciter ce goût dans des grands enfans endurcis même contre la raiſon & entichés contre le génie, par la longue ineptie de leur vie.

Ce goût aiguiſé par cette lecture & développé par l'exercice continuel des Jeux artiſtes, portera nos éleves à mieux reconnoître leurs talens particuliers, que ſi on les privoit de ces occaſions multipliées d'exercer leur jugement ou leur propre expérience d'une maniere auſſi agréable & auſſi libre; car un éleve à qui on donne leçon d'une ſcience étant paſſif, prend rarement du goût pour elle. *Il n'y a tel que d'allécher l'appétit & l'affection.*

Je crois que cette méthode d'inſtruire, comme en paſſant & ſuperficiellement en apparence, ſera extrêmement favorable à l'âge où l'élaboration des eſprits vitaux ſe fait, où l'on ne doit pas les enchaîner par la contrainte de l'étude, & où néanmoins il eſt important qu'ils prennent un cours direct dans les meilleures habitudes de l'ame. Je ſuis tellement enchanté de cette méthode, que je ſuis tenté d'enlever à Pierre-Legrand cet éloge que lui donna Dacoſta ſur le ſoin qu'il prenoit de faire élever quelques jeunes Seigneurs de ſon Royaume, comme le ſont ceux de tous les autres; en lui diſant, après avoir plié l'angle d'une feuille de papier : *homme de génie efface ce pli ſi tu le peux.*

2°. *Lecture dialoguée à la Claſſe du ſoir.*

Une partie des éleves la fera pendant le travail de l'autre, & celle-ci la relevera à ſon tour. Ce ſera ordinairement de nos meilleures pieces de théatre où l'on trouve réuni ce que l'Hiſtoire a de plus grand & de plus moral. Les traits utiles de la vie privée que la bonne Comédie préſente, inſtruiront d'autant plus agréablement nos éleves, que ce ſera en riant.

Cet exercice, en leur inſpirant l'amour de la vertu, les rendra infiniment propres aux délices du ſentiment & aux charmes de la converſation, le premier des talens de la ſociété.

La déclamation qui eſt la perfection de l'art Oratoire à une infinité d'uſages, & prête mille graces à l'art de perſuader, puiſqu'elle donne de l'ame, de la couleur & du mouvement aux penſées, ce qu'à peine la muſique, la peinture & la danſe réunies peuvent faire. C'eſt là l'art, en un mot, de la nature humaine ou l'idiome de ſon empire ſur toute la nature.

Nos éleves s'y exerceront au bout de chaque huitaine, en déclamant un morceau de leurs lectures, à leur choix.

Les premieres de ces lectures feront les Drames de l'Ami des Enfans, ceux de Mde. de la Fite & le Théatre d'Education de Mde. de Genlis. Enſuite les Drames & Comédies bourgeoiſes mêlés de quelques Tragédies, où le ſentiment de l'amour ſoit le moins exalté; n'étant dans la plupart qu'une fievre des ſens auſſi indécente que dans Dom Japhet, ou dans Jodelet.

La doctrine des bonnes mœurs ne doit point être ſouillée des peintures laſcives des paſſions, pour ne pas balancer le charme des unes avec celui des autres dans l'eſprit d'une jeuneſſe inexpérimentée; les premieres doivent toujours être peintes des plus belles couleurs que les autres,

& d'un coloris auquel on ne puisse pas se méprendre.

C'est pour cela que je proscrirai du tems de l'éducation tous les romans des passions & d'aventures qui ne conviennent, par amusement, qu'à ceux qui connoissent déja l'aimable vérité.

C'est autre chose les Romans d'instruction, comme le *nouveau Robinson* & la *découverte de l'Amérique* par M. Campe; les *Mémoires du Chevalier de Gastines ou l'Ile inconnue*, faits dans le même dessein; *Numa Pompilius*, *Sethos*, *Thelemaque*, *Adele & Theodore*, peut-être, *Telephe* & *Anarchasis*, &c.

3°. *Recréations en Jeux Artistes.*

Ou bien en concerts & danses à la liberté des éleves. Ceux qui n'auroient pas passé par les classes supérieures, apprendroient des autres par routine quelques-uns des agrémens de ces deux arts, dont l'un plait si fort quand on est jeune, & l'autre amuse jusques dans la caducité. D'ailleurs, le goût les fait souvent plus valoir que la science.

J'en fais discontinuer les leçons dans cette classe pour les séparer entiérement du but principal de l'éducation, consistant dans les connoissances utiles, les sentimens éclairés & nobles. Comment un saltimbanque ou un jeune amateur de figures s'en pénétreroit-il à la veille de choisir un état ?

Si l'un de ces talens doit être sa profession, il a été déja suffisamment développé dans les classes précédentes, pour ne pas être étouffé par la suspension d'un couple d'années ; & s'il n'a pas passé par ces classes, ce qu'il en verra dans les recréations de ces condisciplines, suffira encore pour exciter ses talens, s'il y est disposé. Que si la nature ou ses dispositions ne l'appellent point à l'état de Musicien ou de Peintre, la perfection dans l'étude de ces arts nuiroit aux spéculations qu'il doit faire sur d'autres qui lui seront plus propres. Tel est l'effet que doit produire une institution véritable ; *car tout dépend des mœurs & des différentes sortes d'instructions qu'on aura donnée au citoyen.*

» Plurimum enim interit quibus artibus & qui-
» bus hunc tu moribus instituas. *Juvenal*, *s.* 14.

En conséquence, les jeux artistes ne pourront être que très-utiles aux disciples de cette classe qui n'auroient pas passé par les autres.

4°. *Lecture unique du Samedi.*

Toujours durant le travail des mains qui fixe l'esprit sans l'occuper ; d'abord d'une lettre de Mde. de Sevigné, modele unique de logique & de style d'un esprit naïf & orné. Delà on passera à la lecture de l'Histoire Naturelle de l'Homme par M. Buchoz, après laquelle on lira les meilleurs livres d'Hygienne, tels que le premier Volume de la *Médecine domestique* de Bucham ; l'*Essai sur la Nature & le choix des alimens* par Arburnoth ; les *Etrennes à l'humanité* ; l'*Avis conservateur du citoyen* ; le *Mémoire sur les maladies contagieuses* & les moyens de s'en préserver ; le *Médecin Philosophe* ou la maniere de guérir puisée dans les affections de l'ame & le gymnastique ; les *Etrennes d'un Médecin* ou moyens prompts de guérir ; la *Pharmacopée des campagnes* de M. Buchoz ; le *Manuel pour le service des malades* ; enfin l'*Education corporelle des enfans en bas âge* de Desessarts, & l'*Essai sur l'art de nager.*

Quand on ne liroit pas entiérement tous ces ouvrages avant la fin du trienne de cette classe, il seroit néanmoins important que chaque éleve les connût pour en faire les livres classiques de sa vie, puisqu'elle dépend des lumieres qui y sont renfermées, & que leurs Auteurs ont mis à la portée du peuple, en les leur rendant d'un usage journalier pour sa conservation.

Si nous étions encore dans des siecles barbares où l'ignorance du vulgaire sur cette partie fût consacrée par la tyrannie des Charlatans qui ont affligé jusqu'ici l'humanité, je rapporterois en preuve des lumieres nécessaires au peuple touchant sa santé & ses autres avantages personnels, les calculs des projets en ce genre du bon Abbé de St-

Pierre; mais graces à Dieu, c'eſt aujourd'hui par des effets que chacun s'empreſſe à démontrer les avantages d'y voir par ſes propres yeux.

J'eſpere de cette maniere prouver dans un mois une méthode naturelle de l'Inoculation que les gens de l'art ne vouloient point admettre, crainte de s'ôter cette opération, en la rendant trop aiſée à quiconque voudroit la pratiquer. Elle ſeroit moins critique qu'avec toutes leurs préparations bannales & illuſoires qui ne ſont propres qu'à déranger un bon tempéramment & à en indiſpoſer un foible. Leurs inciſions ont été ſouvent funeſtes & leurs piqures où leurs véſicatoires compliqués avec le venin du virus ſont toujours cruels & perturbateurs de l'équilibre du ſang & des humeurs.

Enfin, ſur la caution du Ciel que j'ai priſe pour la bonté de mes vues, & l'exemple de la nature que je me ſuis propoſé de ſuivre dès demain dans cette opération ſur mes cinq enfans, je puis dire d'avance que c'eſt par le contact ſeul en appliquant un bouton véroleux, à leur inſçu, ſous le molet d'une de leur jambe pendant quelques heures, durant leur ſommeil, afin de n'être point contrarié par l'agitation des eſprits vitaux, & les fixer ſur ce point unique d'irritation. Ce bouton ſera contenu ſur une petite piece ovale de peau que j'ai bordée de cire pour mieux s'appliquer, & j'y ai couſu deux petites treſſes pour l'attacher. J'ai fait un capuchon au bout de l'une de ces attaches pour la passer avec une éguille de bas plus doucement sous la jambe. Je conserve, suivant l'usage des inoculateurs, plusieurs boutons de petite vérole dans une petite bouteille depuis un mois.

Il est prouvé que c'est l'éloignement de la contagion des parties les plus délicates de la vie qui fait tout le succès de cette méthode ; mais la maniere de la pratiquer y contribue plus ou moins, même sur des sujets attaqués d'autres maladies qui alors ne résisteroient pas à la petite vérole prise autrement ; tant un ennemi est foible, quand on le tient éloigné des endroits les plus dangegereux, & que pour parler plus simplement, on n'inoculera qu'aux régions les plus basses avec le moins de levain possible sans aucune sorte de contusion, ni de remedes de précaution.

Je ne me suis décidé à cette pratique que d'après le savant article Inoculation de M. Tronchain dans l'Encyclopédie, & l'excellent Traité que vient de publier, avec l'approbation de la Société Royale de Médecine, M. Tudesc, Docteur Médecin, *pour rendre l'inoculation à l'état de simplicité qu'elle exige & infailliblement salutaire*; ce qu'il n'a pas fait tout-à-fait, puisqu'il n'a pas renoncé à l'usage de la lancete ; ce qui l'auroit rendue non seulement plus infailliblement salutaire, mais encore vulgaire : sans laquelle qualité, elle ne servira jamais qu'à répandre la contagion & la mort parmi les citoyens, & à faire regarder les Inoculateurs, comme des incendiaires perpétuels; tant que leur avidité leur fera enfreindre les loix de sûreté publique que la sagesse du Prince leur a imposées dans les lieux peuplés.

EXERCICES DE PIÉTÉ
Pour le Dimanche.

QUAND on traite d'un Réglement d'éducation pour les jours ouvriers, on doit s'occuper essentiellement du jour du repos, consacré chez toutes les Nations par le culte public; mais si l'on n'a pas attention de mettre ce culte à la portée des enfans, l'on imite ces sottes mamans qui menent leurs enfans dans leurs visites, où ils ne peuvent prendre aucune part, ou plutôt ces fanatiques politiques qui ne permettoient un culte public qu'à ceux de leur Eglise.

Les Jésuites, si experts dans l'art de gouverner les hommes, puisqu'ils gouvernoient les Rois, quand ceux-ci étoient incapables de conduire leur peuples, donnoient à la Religion toute sorte de forme pour la mettre à la portée de tous les esprits & de tous les cœurs. Delà leurs différentes

Congrégations des Ecoliers, des Dames, des Messieurs & des Artisans.

A l'Office près que je voudrois en françois, je voudrois rétablir dans toutes les Maisons d'éducation qu'on fera, l'ordre de la Congrégation des Ecoliers.

Les élégans Abbés, qu'on a substitué à ces anciens & dignes instituteurs, ont d'autres affaires le Dimanche qu'à songer à la piété, source féconde des vertus privées & publiques.

CONCLUSION

Sur l'usage universel de ce plan.

1°.

On peut l'exécuter non seulement dans des Pensionnats pour des jeunes Messieurs ou de jeunes Demoiselles, mais encore dans des Colleges ou des Ecoles pour des enfans du même état & de l'un ou de l'autre sexe, comme on en voit à Londres pour les Demoiselles où l'on soigne mieux leur éducation, & où aussi les femmes sont plus aimables en général qu'en France. *The musings charmers*: où trouver ce caractere & son allure ravissante parmi nos Dames, à moins de l'aller chercher sur nos théatres dans les repréſentations Anglaiſes, & ce mot de *muſings* qui revient à celui de muſique, ne peint-il pas énergiquement le rang où cette Nation place la douce méditation d'un penſeur ou d'une penſeuſe? Ah! c'eſt là où un homme peut dire à une femme, comme Pygmalion à ſa Statue animée: *c'eſt moi! encore moi!*

2°.

L'on peut exécuter encore ce plan pour la jeuneſſe de l'Ordre des Artiſans, dont il eſt important de ſéparer les Ecoles de celle d'un Ordre, je ne dirai pas ſupérieur; mais qui doit moins vivre par état avec lui, afin de leur faire moins ſentir à l'un & à l'autre l'éloignement que met entr'eux la fortune, & qu'il eſt de l'intérêt de chaque profeſſion qui ſe maintienne, malgré l'égalité que les ſentimens & les lumieres élémentaires d'hommes & de citoyens mettra nos entre éleves. Nous les élevons tous indiſtinctement dans des connoiſſances & des ſentimens, & ſur-tout dans une habitude du travail utile à l'homme & à la proſpérité de toute profeſſion; après quinze ans, nous les licentions pour embraſſer celle de leurs peres, ou celle à laquelle leurs talens particuliers les appelleront.

Cette éducation, morale & active, distribuée dans toutes les classes des citoyens & de citoyennes, feroit de tout le Royaume une seule Sparte où les mœurs des citoyens seroient *teintes en laine*, comme dit Plutarque. Ce bon & judicieux Auteur remarque à ce propos que celles des Romains auroient été de même, si Numa avoit eu autant d'attention dans ses loix, à l'éducation, que Licurgue; & il vote, comme nous, par un esprit de justice & d'humanité, dans son Traité de l'Institution des Enfans, que ceux de l'une ou de l'autre fortune reçoivent les mêmes soins pour les mœurs & l'instruction.

3°.

Quant à l'éducation domestique ou particuliere, si difficile, & pour ainsi dire impossible jusqu'à nos jours, par le défaut universel de l'éducation des Peres & par les obstacles que la société y apporte dans la même proportion de ce vice général par le trouble où elle nous jette chaque jour dans nos ménages & nos affaires : ce plan pourvoit à cet inconvénient, insurmontable autrement, en confiant la premiere enfance qu'on ne peut encore guere instruire par le raisonnement, à la direction méchanique du génie dans mes Jeux artistes, tels qu'ils sont décrits dans le *Plan d'Education par Jeux*, qui doit être actuellement

lement ſur les Bureaux de la plus grave aſſemblée de la Nation.

Cette méchanique du Génie & de la Nature s'exerçant par les Enfans, avec les moindres ſoins de leurs parens, les livre infailliblement dans la ſuite au goût de leurs loix; car *plus l'ébauche d'un ouvrage eſt exacte, plus il eſt aiſé de l'achever & de le bien finir*, dit le Mentor univerſel. Il ajoute : *les Jeunes-gens apprennent dans la ſuite d'eux-mêmes & ſavent aſſez bien ſe diriger en copiant, en imitant, lorſque dans le commencement ils ont été bien dirigés.* Les Plans & Statuts de Cathérine II pour l'éducation de la Jeuneſſe & l'utilité générale de ſon Empire, diſent : » Il faut inventer divers exercices du corps, différens Jeux où même l'eſprit puiſſe faire un rôle » & s'habituer doucement à bien concevoir, à » raiſonner avec quelque juſteſſe, le tout ſans » s'en douter; l'oiſiveté gâte tout dans un âge » où l'Action peut ſeule concourir efficacement » à la multiplication des forces *de l'eſprit & du* » *corps* ». Oui l'Education doit être le plus ingénieux des Arts, puiſqu'elle les renferme tous.

La vraie Inſtitution conſiſte, dit J. J. Rouſſeau, à empêcher les Vices de naître. Le moyen en eſt de la dernière facilité dans la Bonne Education; c'eſt de tenir toujours les Enfans en haleine, non par d'ennuyeuſes Etudes où ils n'entendent rien & qu'ils prennent en haine, par cela ſeul qu'ils ſont forcés de reſter en place ; mais par des Exercices qui leur plaiſent, en ſatisfaiſant au beſoin qu'à leurs corps, en croiſſant, de s'agiter, & dont l'agrément pour eux ne ſe bornera pas là.

C'eſt cette précieuſe & ingénieuſe activité que le reſpectable Auteur du *Bonheur dans les Campagnes* recommande même à toutes les Claſſes de Citoyens pour empêcher l'oiſiveté, me re des vices, de naître, en diſant : *Qu'un Légiſlateur comme un ſage Inſtituteur, au lieu de tenir les Hommes, ainſi que des malheureux Ecoliers, enfermés dans des triſtes murailles, leur faſſe reſpirer l'air pur des Campagnes ; qu'il attache leurs regards ſur le riant tableau de la Nature & les travaux des Cultivateurs ; bientôt ils cherchent à les imiter : ils tracent des Jardins, élevent des Cabanes, & ſont heureux parce qu'ils ſont occupés, qu'ils croient faire des Ouvrages durables & utiles, & qu'ils raſſemblent & fixent des nouvelles Idées.*

Telle eſt l'heureuſe Méthode de ce Réglément d'Education & du Recueil de vues Patriotiques qui doit le ſuivre afin de conduire, ou de ramener les Hommes à la Nature.

Fin du Réglement d'Education Nationale.

GÉNÉRALIF.

MAISON PATRIARCHALE

ET CHAMPÊTRE.

PAR L'AUTEUR
Du Réglement d'Éducation Nationale & Générale.

» Vos enfans & les miens, élevés dans les mêmes principes, ne formeront qu'une même famille, trop nombreuse & trop unie pour ne pas se suffire à elle-même ; leurs vertus, leur tendresse, leur conduite, feront la gloire & le bonheur de notre vie ! ... De si douces espérances ne peuvent être chimériques ; on a l'heureux droit d'y compter quand on a mérité de les voir se réaliser ».

Adele & Théodore, derniere lettr.

A AIX,

De l'Imprimerie de PIERRE-JOSEPH CALMEN, Imprimeur du Roi, rue Plate-forme.

1790.

» Si l'homme est fait principalement pour penser & aimer la société de ceux qui pensent, les campagnards, qui ont le malheur d'être dans ce cas, n'ont pas tort de se plaindre d'être réduits comme en exil : il falloit trouver un moyen pour leur donner avec les plaisirs purs de la campagne, celui d'une société qui les assortit & qui fût assez nombreuse pour ne pas les réduire à un état pire que le premier, en venant à perdre un ou deux de leurs compagnons uniques ».

Projet de Communauté Philosophe, pag. 108.

A MESSIEURS

DE L'ASSEMBLÉE NATIONALE,

Membres du Comité pour la partie Éducation.

MESSIEURS,

J'AVOIS adressé à Mr. de Volney, durant son secrétariat, quelques exemplaires d'un projet de Réglement d'Education Nationale; il me répondit qu'il avoit fait part de mes vues aux membres du Comité chargé de cette partie. Comme il m'a annoncé sa façon de penser sur ce Réglement; qui auroit pu vous en donner une idée peu favorable, je prends la liberté de vous l'adresser directement avec une apologie que j'ai cru devoir y ajouter, pour le défendre de l'opinion que vous en a donné peut-être Mr. de Volney.

J'espere donc, Messieurs, que vous jugerez, d'après vous-mêmes, s'il n'est pas à propos, *comme dit Jean-Jacques Rousseau., & comme je le dis encore plus universellement,* » d'émouvoir les cœurs

(de tous les âges même, en quelque lieu que ce soit, & sans le secours absolu des maîtres), de » leur faire aimer la patrie & ses loix, par des » jeux d'enfans, par des institutions oiseuses en » apparence; mais qui forment des habitudes ché- » ries & des attachemens invincibles ». *C'est-là ce que pensoit ce grand homme sur l'éducation qu'il conseilloit à la Pologne; telle est la sorte d'instruction qu'ont conseillé de préférer à tout autre les Fleury & les Bateux, & qu'exige enfin les goûts natifs & perpétuels de l'homme pour l'imitation, & en même temps pour l'indépendance: ce sont ces goûts qu'on favorisa singuliérement dans l'éducation de Wattelet, & qui ont formé tous les grands hommes*, dit Mr. *Vicq-d'Azir dans l'éloge de celui que je viens de nommer; c'est en les secondant*, ajoute-t-il, *qu'on pourroit tout obtenir d'un enfant, & fixer même l'inconstance de son bas âge. Les Arts, selon lui, doivent être admis dans* les jeux de l'enfance; *car c'est par eux que les facultés humaines se déploient, se fortifient, & semblent s'augmenter. C'est par leur moyen & par leur réunion qu'on accéléreroit & fortifieroit ce développement en appellant tous les Arts à notre secours dans l'éducation, au lieu de les en exclure ineptement.*

L'enfant instruit par eux en maniere de jeux, *les apprend sans ennui & sans contrainte; on ob-*

tient & l'on ſubjugue ſon attention pour tout ce qui lui importe de ſavoir, parce qu'il ne ceſſe jamais d'être libre ; qu'on lui montre la nature avec tous ſes charmes, & qu'il ſe ſoumet de lui-même à l'obſervation de ſes loix, qui ſont celles mêmes que la ſageſſe vous dicte pour le bonheur des humains. Si Homere rend paſſionné ſon héros pour les choſes de la nature, & qu'il lui faſſe tant regretter la fumée de ſon Palais dans le temps où il eſt retenu par les charmes de Circé, c'eſt qu'il lui fait chérir les arbres du verger de ſon pere dont celui-ci lui avoit donné une partie quand il étoit encore enfant.

En conſéquence de ces idées, vous ne ſerez pas ſurpris, Meſſieurs, que j'accompagne mon Plan d'Education de celui d'une vie patriarchale & champêtre, comme la plus naturelle à l'homme, ainſi que Platon avoit joint au ſien un plan de vie guerriere. Revenus par vos vertus & par vos lumieres à l'âge d'or prédit par l'Abbé de St-Pierre, les hommes n'auront plus beſoin déſormais que de cultiver les arts de la paix ; cependant formés par une éducation propre aux exercices de l'ame & du corps, on auroit droit d'attendre des citoyens tout ce qu'on peut en exiger pour l'utilité de la patrie, ſoit dans la paix, ſoit dans la guerre, étant ſur-tout formés par une éducation morale, artiste & domestique, ou paternelle, suivant l'esprit de Juvenal, qui dit :

» Plurimum enim interit quibus artibus &
» quibus hunc tu moribus instituas......

J'ai l'honneur d'être avec respect.

MESSIEURS,

Votre très-humble & très-obéissant concitoyen D'HUPAY.

A Fuveau en Provence
12 Décembre 1790.

GÉNÉRALIF

Maison Patriarchale & Champêtre.

Qui fait aimer les champs, fait aimer la vertu.
Delille.

GÉnéralif, en Arabe, *Maison d'amour, de danse & de plaisir*, est un antique Palais auprès de Grenade, dans une situation la plus agréable & la plus pitoresque. Ce Palais fut construit par un Prince nommé Omar, si affectionné pour la musique qu'il se retira dans ce Palais pour s'y livrer entièrement à son goût. C'est un lieu privilègié de la nature, suivant feu M. Peyron mon ami, dans ses Essais sur l'Espagne ; » Ah ! dit-il, si un compatriote de Sterne & de Richarson étoit le maître de ce lieu, il n'y pas de place imaginée par les faiseurs de romans qui pût l'égaler. » C'est dans cette vue romantique que nous avions projetté ensemble & deux ou trois autres amis d'y aller exécuter mon projet *de Communauté Philosophe*, comme Diderot vouloit avec les siens aller former un peuple heureux dans l'Isle déserte de la Lampedouſe. Voilà pourquoi mon ami ajoute : *C'eſt le ſite qui m'a donné le plus regret de le voir habité par des propriétaires inſenſibles.*

Pour réaliſer ce vrai Château en Eſpagne, & conſacrer ce ſouvenir qui m'eſt cher par rapport à tous ceux qui devoient être les acteurs de ce drame philoſophique, je veux appeller ma Maiſon de campagne Généralif, ayant tourné mon deſſein vers la vie commune de mes enfans, & comptant retracer dans notre ſéjour bien d'endroits romantiques.

Les ſentimens de ma famille me ſont déja une excellente augure de l'exécution de mon projet de vie patriarchale & champêtre. Les larmes que nous avons répandu, mon épouſe & mes deux filles ainées à la lecture de Paul *& de Virginie* m'en ſont garants : conſternés tous également du funeſte ſort de ces êtres vertueux & de leurs familles par le malheur qu'avoit eu Virginie de quitter ſon heureuſe & ſimple retraite dans l'Iſle de Bourbon pour paſſer en France, je m'écriai après cette déſolante lecture : » Mes cheres filles, » la France n'eſt pas à quatre mille lieues d'ici, » elle n'eſt qu'à une lieue : en voilà le chemin » devant nous. Vous pourriez un jour vous cau- » ſer plus de malheur que n'en eut Virginie & » ſa famille, ſi à l'avenir vous préfériez le ſé-

lantolme a aix 1791

GENERALIF

Maison patriarchale & champetre

« Mes cheres filles la France n'est pas à quatre Mille lieues d'ici; elle est a une lieue: en voilà le chemin devant nous: Vous pourries un jour vous causer plus de Malheur que n'en eut Virginie & Sa famille Si à l'avenir vous preferies le Sejour de la Ville à Celui de notre paisible retraite.

Generalif pag. 8

» jour de la Ville à celui de notre paisible re-
» traite. » Alors nos larmes se changerent en sanglots & notre émotion étant à son comble, grava l'effet du principal dessein du maître touchant des Etudes de la Nature.

C'étoit pour préserver aussi mes semblables de pareilles infortunes que j'avois imaginé mon Projet de Communauté Philosophe & que je parlois de Maison de Réunion, comme faisoit Enée à ses amis au milieu de l'embrasement de Troyes, en leur désignant le Temple champêtre de Cerès. Les Etudes de la Nature ont pour dévise : *miseris succurrere disco*, celle de mon projet, l'assurance même du bonheur :

» *Tranquillité*, *Douceur*, *Plaisir*, *Contentement*.

L'idée d'un état pareil étoit si belle, & sa difficulté dans la société actuelle si grande, que le bon Bernardin de St. Pierre & le tendre Jean-Jacques n'en pouvoient achever ensemble l'esquisse. Il faut être seul pour supporter certaines idées ravissantes, comme bien de sentimens douloureux ; aussi parce que j'étois dépourvu d'ami, & que je ne connoissois pas non plus la dépravation du cœur humain, j'ai composé ma *Maison de Réunion*, comme Jean-Jacques se créoit en idée des compagnons dignes de son cœur dans la forêt de Montmorency. Plus heureux que lui, j'ai pensé à former mes enfans pour un sort si fortuné en les élevant dans des sentimens de paix & d'union, vraie base d'une constante amitié.

Je les exerçois dès leur plus tendre jeunesse, comme le furent Paul & Virginie, à des pantomimes de l'amitié la plus vive & la plus inséparable, mais d'une augure plus favorable pour eux; ils représentoient la belle Fable de la Garelle, de la Tortue, du Corbeau & du Rat, dont la seule partie désastreuse a servi de canevas au roman de Virginie. Ils ont déja appris à s'aimer autant que leurs modeles; & ils ne cessent néanmoins de demander à Dieu chaque jour la même grace. Revenons au théatre de leur bonheur.

Ma Maison Patriarchale est à une lieue de la ville. Elle se trouve au bout d'un agréable valon où serpentent en même temps une riviere bordée de prairies & de bocages, & une grande route accompagnée d'une infinité de guinguetes. A l'extrêmité du valon sont deux passages pittoresques entre des rochers; l'un par l'horreur de leur entassement & le fracas des eaux qui y roulent, triste image de la ville que l'on quitte; l'autre est un vaste portail formé par les rochers d'où l'on découvre l'horison de *Généralif*.

On l'apperçoit ſur le bord de la riviere, & ſon avenue ſe préſente à l'iſſue du pont dans le même point de vue que la grande Allée de ſon Eliſée qui borde le petit Fleuve, formant un canal aligné en cet endroit & ombragé de grands arbres de chaque côté.

Une perſpective digne de la maiſon en terminera un jour l'avenue au bout de ſa terraſſe : ce ſera un pavillon ſoutenu par des colonnes dans le goût du Temple de l'Amitié de Grandiſſon. Deux Scènes Patriarchales décrites par Mme. de Genlis, y ſeront peintes : celle du Bal de Famille du vieux Novorgeve & le Feſtin de la Mere d'Ange Sund.

L'on voit déja devant la maiſon un monument d'une ſociété patriarchale & philoſophique, & qui eſt en même temps un trophée élevé au génie & au bienfait de la liberté françaiſe ; c'eſt la pyramide du hameau de Czartorinska, conſtante leçon du goût inſéparable de la vertu, de l'union & de la campagne, célébrée dans le Mercure du 6 Mai 1785.

Cette pyramide eſt transformée ici en un élégant obéliſque porté ſur un piédeſtal, d'où découle des deux côtés une nappe dans une coquille. Les noms des auteurs célèbres, dans le même ordre qu'ils ſont tracés ſur la pyramide de Czartorinska, ſont gravés à chacune des 4 faces de l'obéliſque ; leurs attributs ſont en dessous dans les frises du piédestal, qui présente d'un côté dans son cadre, cette Inscription :

» A la patrie & à la religion rétablies par Necker. Au hameau de Czartorinska, Exemple de l'Union Patriarchale & Philosophique. Aux Génies Auteurs de tous ces Biens. »

L'autre côté du piédestal offre celle-ci :

Prérogative abolie avec les Privileges des Grands, cette année 1789.

» L'exemple des Grands Embellit le Crime aux Yeux du Vulgaire.

Eurip. Hip. Act. II. Sc. 1.

La porte à colonnes de ma grande salle est un trophée à l'honneur de premier des Arts, & a pour inscription ces paroles de Mercier, *A la Sainte Agriculture* ; mais son vrai Temple est dans deux salles de verdure aux côtés de ma maison, & qui se répondent l'une à l'autre par les portes de chaque bout de la salle.

Air pur, harmonie de la nature, on ne peut vous goûter, vous respirer, vous ouir ni vous sentir parfaitement quand on demeure toujours renfermé dans des appartemens. Tentes de Jacob que je vous aime ! Tabernacles du Très-Haut vous êtes à la campagne dans les asyles touffus qu'il a daignés nous planter de ses mains. C'est-là où tout nous parle de sa Bonté & de sa Grandeur infinies ; c'est au contraire au fein dénaturé des villes & dans les bornes du plus grand & riche hôtel que l'homme s'eſt rendu insenſible aux charmes de la nature & s'eſt énorgueilli, même de ſa propre miſere, en la pouſſant juſqu'à l'oubli du Créateur de l'Univers, dont il ne conſidéroit plus les merveilles. J'ai vu un des plus dignes chantres de ces merveilles, les avoir comme oubliés & en parler même avec mépris; paroître enfin étonné de leur touchans effets ſur moi, & me montrer comme une curioſité à ſon Mecene, parce qu'il avoit ſuſpendu trop long-temps ſa lyre à ſes lambris dorés.

Le plan des diverſes parties de l'enclos qui entoure Généralif, eſt analogue à ce genre de décoration & de volupté naturelles. Les diverſes plantations des champs, ſi agréables quand elles ſont bien faites, s'y trouvent toutes dans le goût du jardin d'Alcinoüs, & y offrent ainſi dans un petit champ les beautés réunies d'un riche pays.

Les avenues du levant, du midi & du nord de l'enclos, montreront bien-tôt dans toute ma campagne le même agrément & la même fécondité de mes jardins, & comme dit ce Poéte devenu ingrat à la nature, duquel je viens de parler,

» Les jardins appelloient les champs dans leur
séjour,
Les jardins dans les champs vont entrer à leur
tour,
Et ce qu'à la campagne emprunta la peinture
Que l'art reconnoissant le rendre à la nature. »

L'avenue de Nord aboutit au milieu de mon Elisée. La riviere qui le borde est aussi enchanteresse pour moi que l'heureux Lethé. Son immense allée de peuplier me transporte dans l'Isle sacrée d'Ermenonville, ou bien sous une pareille voute aux bords du Tage, avec les amis de *Galathée*, à la cérémonie des vertueux bergers.

Cette pieuse solemnité m'en a fait imaginer une plus gaye pour ma charmante promenade, sans être pour cela moins édifiante. C'est la Fête du Panier des Prémices des ouvrages & des fruits de la terre chez le Peuple de Dieu que je veux établir en cet endroit à chaque renouvellement de la belle saison dans une petite Chapelle au bout de l'allée l'élisée :

» ..... Antique & modeste Chapelle,
Saint asyle, ou jadis dans la saison nouvelle,
Vierges, femmes, enfans, sur un rustique autel
Venoient pour les moissons implorer l'Eternel.»

Ma fête sera entièrement conforme à ce qu'en prescrit le Législateur Juif, au Deuteronome, *chapitre* 26, pour en faire un festin d'action de graces, de priere, d'amitié & de charité.

Une musique simple & champêtre accompagnera toute cette sainte & joyeuse cérémonie, & sur-tout l'offrande qui se fera devant la Chapelle par le Prêtre du lieu, comme l'ancien Lévite, pour présenter au Seigneur ces dons d'une vraie piété; elle égayera le festin public & commun que nous ferons ensuite de ces dons consacrés, ainsi que la distribution solemnelle que nous ferons de nos communes aumônes déja sanctifiées par la priere & le plus pur amour du prochain.

Des danses & quelques prix de jeux d'adresse distribués à la plus tendre jeunesse, couronneront cette innocente fête. Qu'il sera beau d'y voir un ci-devant Prince de mon voisinage qui a rassemblé dans son Château tous les plaisirs du grand monde, s'en faire un plus vrai de venir avec sa famille à cette Fête & y apporter son panier, comme le plus pauvre de mes Censiers.

Le long de l'allée de l'Elisée seront dressés tous les festins des étrangers; ma Table sera au centre. Mes laboureurs y seront assis avec ma famille. De chaque côté seront celles de mes Censiers & de mes Amis. Celle des Pauvres y sera un objet sacré & non moins doux. Au milieu de l'allégresse commune, je chanterai en moi-même comme l'heureux Timbrio :

> Je méprisois cette foule importune
> De mortels dignes de pitié,
> Qui laissent le repos, l'amour & l'amitié,
> Pour courir après la fortune.
> Aujourd'hui mon cœur leur pardonne,
> Et n'a plus de mépris pour eux,
> Je sens que l'argent rend heureux,
> Mais c'est au moment qu'on le donne.

Mon bonheur sera égal à celui de ce Philosophe devenu berger, mais sans qu'il m'en coûte autant qu'à lui. Cette fête en perpétuant ma félicité, verra accroître ma fortune, par le même moyen qui le rendit pauvre & heureux, en partageant ses biens avec les Pasteurs devenus ses amis & dont il se fit le compagnon.

Ces bergers du roman de Galathée qui doivent faire prospérer ma fortune au lieu de l'épuiser, existent doublement pour moi; actuellement dans l'excellente famille de laboureurs qui cultive ma terre de Généralif à mégerie, & jadis par l'accueil qu'avoit fait la Premiere Société politique, morale & économique du Royaume de venir à ces conditions cultiver mon Domaine. Voici un tableau qu'ils me faisoient

faisoient eux-mêmes de leurs mœurs & qui ne ne le cede point aux éloges que j'en avois vu dans l'Encyclopédie, article Moraves, ni dans *Le Peuple instruit par ses propres vertus* :

» Nos cœurs ont éprouvé un sentiment de satisfaction & de joie en apprenant qu'un ami de la paix & de l'innocence de la vie champêtre, avoit formé le noble & utile projet de faire revivre dans les lieux qu'il habite les jours purs & sereins des heureux temps des Patriarches. Notre communauté pénétrée d'admiration, fait des vœux pour le succès d'une si louable entreprise, & dans les transports de son allégresse, présage à son auteur, comme l'effet que doivent opérer la pureté & la sagesse de ses vues, les charmes de cette vie douce & tranquille qu'elle goûte depuis plus de quatre cent ans. »

» Toute la communauté s'est prêtée d'un plein consentement & d'une voix unanime à accepter vos honnêtes propositions, & cela dans la vue d'édifier, sinon la totalité, du moins une partie de ses Agriculteurs rapprochée de vous par l'événement & assez heureuse pour vivre sous vos yeux. Ce fut le résultat d'une assemblée générale que notre chef convoqua hier pour recevoir nos délibérations à cet égard. Quelques-uns de nos enfans déja sortis de nos maisons, assez âgés & assez forts pour ſoutenir les travaux de l'agriculture, ſe ſont même offerts de leur propre mouvement d'être les membres de cette petite Colonie. L'extravaſion de quelques-uns de nos agriculteurs, n'a donc pas, comme vous voyez, préſenté même d'obſtacle à votre projet. »

La ſuperſtition vint, je crois, traverſer ce deſſein, comme autrefois elle fit de ceux du Coſmopolite Olivadés pour de pareils établiſſemens dans la Sierra Morena. Toutefois voici encore un trait de la vertu naïve & pure de ces heureux humains tiré d'une de leurs Lettres : » Oui, notre ſociété a déja fait un grand pas vers le bonheur, d'avoir ſu connoître les avantages d'une vie ſimple, & au milieu de l'abondance de n'avoir jamais répugné au travail, qui nous procure la ſanté & la gayeté avec tous les charmes de cette vie douce & tranquille dont nous jouiſſons. La terre & nos troupeaux nous fourniſſent la nourriture & le vêtement, ſeuls beſoins que nous connoiſſions, & comptant ſur la providence, nous répandons chaque année l'excédent de nos récoltes dans le ſein de l'indigence. »

Cet exemple doit à jamais ſervir de regle à mes agriculteurs, & je le ferai graver au milieu de mon Ménage. Plût à Dieu que ces principes puiſſent ſervir à établir, ſous l'inſpection de leurs reſpectables Pere & Mere, entre les freres Joseph, Mathieu, Jéjé & Jean-Baptiste, éleve des pieux Hermites de la Cavalerie, la même communauté dans mon Domaine que je desire de faire observer à mes enfans dans mon héritage, afin que *l'union perpétuelle de leur fortune empêche à jamais la désunion de leur cœur.* Telle est l'expression de St. Augustin dans le Traité de la Vie Heureuse qu'il composa avec ses amis même dans leur maison de campagne de Casiaque.

Voici comme il peint les délices de la vie commune des amis & les conditions nécessaires pour en jouir : » Après avoir été agités des inquiétudes du siècle, nous trouvâmes, Seigneur, un heureux repos en vous, jouissans de cette heureuse liberté, dans laquelle nous avions tout loisir de chanter avec David du fond de notre ame ; *mon cœur ne parle qu'à vous, mon Dieu ; je ne cherche qu'un regard favorable de vos yeux & je ne chercherai jamais autre chose.* Comme vous avez accoutumé, Seigneur, de porter ceux qui sont dans les mêmes sentimens à vouloir demeurer ensemble, vous fites qu'Eudoxe qui étoit encore jeune & de la même ville que moi, vînt demeurer avec nous. Ainsi, nous étions ensemble, nous avions tous résolu de mener une Vie Parfaite. Nous vivions dans une union dont votre divin amour étoit le lien. Ma mere eut autant de soin de nous tous que si chacun eût été son enfant, & elle eut autant de soumission pour nous que si chacun de nous eût été son pere, bien qu'elle nous servoit de maître dans la vie spirituelle & dans la composition même de ce petit Ouvrage. »

Souhaitant une vie aussi heureuse à mes enfans, pour me rassurer dans les appréhensions qu'ils ne vinssent à adoptet celle du Siècle, je me dis souvent, comme Diderot dans le Fils Naturel : *Non, tes enfans ne sont point destinés à tomber dans le cahos que tu redoutes ; ils passeront sous tes yeux les premieres années de leur vie, & c'en est assez pour te répondre de celles qui les suivront.* Pour conserver en eux le vrai & unique esprit de sociabilité, celui de la Famille, exempt de la contagion de la grande voie des enfans du monde, je graverai devant la porte du coridor qui renferme tous leurs appartemens, cet avertissement de mon cœur : « Licurgue défendit à sa Ré» publique tout commerce avec les étrangers ; » parce qu'en général les gens du monde sont » corrompus. Ils prennent bien en passant le » ton du Sage, soit par pudeur, simple dégui» sement, ou par fourberie ; mais à la longue, » ils veulent donner le leur & y réussissent sou» vent ; leur penchant pour le mal étant mal-

» heureusement plus fort que le notre pour le » bien. »

Mais, comment mes Enfans pourroient-ils contracter des goûts dépravés & malheureux ? La Doctrine Céleste que j'ai puisée pour eux dans nos Livres Saints les en préservera. S'il leur falloit des commentaires précis à ces saintes ordonnances, ne lisons-nous pas tous les matins les Instructions d'un pere à son fils & à sa fille, (1) ouvrage très-précieux, & ne forme-je point leur plus tendre enfance à la Science des Saints en lisant chaque soir avant de nous coucher, l'extrait que Mezangui a donné de leurs Vies. Outre ce, les Maximes Divines ne se présentent-elles pas sans cesse à eux sur les poteaux de leur Maison, comme chez le Peuple saint ? Ils les voyent toutes réunies dans notre Oratoire, dans ces principaux traits du vrai fidèle écrits au-dessus de la place d'un chacun : *Haïssant le mal & s'attachant au bien. Fervent dans l'amour de Dieu. Se souvenant que l'on sert le Seigneur. Joyeux de l'espérance du salut : Faisant le bien non-seulement devant Dieu ; mais devant les hommes. Se tenant toujours unis dans les mêmes sentimens. Celui qui aime le prochain accomplit la loi. Faites-vous des amis par les richesses ; afin que*

(1) Par M. Dupuy, Secrétaire à la paix de Riswick.

quand vous viendrez à manquer, ils vous reçoivent dans les tabernacles éternels.

La Charité doit être jointe à la Priere pour nous délivrer de tous les maux & nous acquérir tous les biens; l'Hôtel de la Consolation pour les pauvres vieillards à Paris, est de tous les objets de charité, celui que je préférerois pour en nourrir près de moi le sentiment, dans ma solitude, en faisant un petit établissement qui réuniroit toutes nos aumônes & donneroit l'exemple d'un hospice le plus humain qu'on puisse faire en tous les lieux; il est ordonné par une loi de l'état dans toutes les villes de la Chine, & l'on n'en voit qu'un dans la Capitale des François, qui se disent tous membres de Jesus-Christ! J'ai remarqué dans ma Communauté Philosophe que l'histoire des deux Indes raconte que dans le Paragay on a des soins & des égards pour la Vieil-

J'avois voué dans le même esprit à côté de cet établissement un site agréable pour un asyle des Vieillards riches, aussi délaissés & peu soignés souvent, que les pauvres sur-tout, quand ils n'ont pas de parens auprès d'eux. Ils y auroient trouvé la compagnie & le bien être convenable à leur âge, & auroient augmenté par leurs munificence le nombre de leurs pauvres voisins. Une Chapelle commune auroit réuni leurs vœux pieux les uns pour les autres auprès de l'Etre Suprême, leur terme commun & prochain. Si quelqu'un deux veut souscrire à ce saint établissement; qu'il s'adresse à moi: je me chargerai avec plaisir de cette heureuse exécution.

leſſe, inconnus dans tout le reſte de la terre. Il eſt vrai que l'Inſtitution de cet Etat appartenoit aux Jeſuites & qu'ils n'étoient ni Monarques, ni Ariſtocrates, mais Théocrates, terme exclu de la politique depuis Moyſe & Numa, & qui ſignifie gens qui reconnoiſſent un ſouverain Légiſlateur, ſeul maître & pere de tous les hommes.

Par toutes ces choſes j'identifierai, j'eſpere, les vraies idées de bonheur & de vertu dans l'ame de mes enfans ; mais je veux encore graver profondement dans leur tête ces douces images, en les offrant ſans ceſſe agréablement à leurs yeux. Je ferai peindre pour cela tous les ſujets d'Eſtampes de ma Communauté Philoſophe au-deſſus des trumeaux des cheminées de leur chambres : ſur l'une, *les ſoins ruſtiques*, ou le temps des Patriarches ; ſur l'autre, *la grande promenade de la communauté*, ou les gais convives ; ſur celle-ci, *le Laboratoire commun*, ou le ſpectacle de l'humanité ; ſur celle-là, *la Chapelle domeſtique*, ou l'image du Ciel ; ſur une autre, *la cérémonie des mariages des enfans de la communauté*, ou les dignes amans & les heureux époux ; enfin la derniere, *le ballet d'amour conjugal*, ou les vœux d'un cœur honnête. (1)

(1) Si l'art de la danſe étoit dirigé par tout autre eſprit

Tous les trophées de l'Agriculture & des autres Arts prescrits dans mon *Réglement d'Education*, rempliront dans ma grand'-salle les panaux entre les trois grands tableaux qui répondent aux fenêtres, entre lesquelles sont des glaces qui répéteront les intéressans sujets représentés de l'autre côté. Le tableau du vis-à-vis de la fenêtre à terrasse du milieu offrira une illusion nouvelle : son fonds étant une glace où se peignent mes jardins, avec une belle allée, à travers une immense campagne ; la Liberté & l'Amitié y seront peintes dessus ou de chaque côté, de maniere que celle-ci invite l'autre à venir habiter dans ce beau paysage. Cette illusion ira encore

que celui de la frivolité ou du libertinage, *il pourroit*, comme dit le sage Adisson, spect. V. 12e., *être une voie méchanique d'inspirer doucement une bonne éducation & de graver même la vertu dans quelques esprits qui ne la recevroient pas si bien par une autre méthode.* En effet, qu'est-ce qu'un ballet ou une danse, sinon l'expression des sentimens vifs ou tendres du cœur, à moins qu'on ne danse tout à fait comme une automate : ainsi il convient aux élans de l'amitié, comme aux transports ou aux langueurs de l'amour. Il peut peindre aussi la tendresse paternelle & maritale, avec l'estime & l'ardeur qu'on a pour ses amis : c'est ainsi que j'ai improvisé quelquefois des balets domestiques à l'Angloise, & ce n'est pas autrement que j'ai dessein de faire représenter dans ce tableau le ballet de ma Communauté.

encore plus au cœur par deux vers de Voltaire qu'on lira au bas :

Liberté, liberté ton trône est en ces lieux,
Embelli ma retraite où l'amitié t'appelle.

Si comme disoit le sage habitant de Ferney, *l'une de ces deux Deïtés éleve l'ame, & que l'autre la console*, les cœurs où elles regnent le plus souverainement sont ceux des Freres qui s'aiment ou des Epoux qui se confient : Tels seront les deux sujets des deux autres grands tableaux, pendans du précédent : l'un représentera Hector & Paris sortant des portes Sées ; le premier remettant à faire des reproches à son frere, comme l'unique cause de la guerre de Troye, au jour du festin d'actions de graces aux dieux pour leur victoire; le sujet de l'autre est la vive Reconnoissance de Penelope avec Ulisse.

La Table du Bonheur, comme nomme Candor son cercle, dans la Comédie des Moissonneurs, est peinte sur la cheminée de la même salle dans la Fête de mon Elisée au-dessus d'une glace & sous un cartouche qui en représente le sujet : c'est le Panier des Prémices rempli de tous les fruits de l'année tenans à leurs épis ou à leurs feuillages. Il forniera la banniere qui annoncera un jour cette fête aux lieux circonvoisins.

Ma table patriarchale paroît dans ce tableau en demi-cercle à l'entrée d'une immense allée d'arbres de haute futaye, terminée par une montagne ronde dans le lointain au fond d'un paysage de vignoble. Le côté gauche de l'allée étant en perspective, on y découvre une belle pélouse tout le long de la riviere qui la borde, & sur cette pélouse des piédestaux de distance en distance, portant des bustes des plus grands hommes; on voit ensuite un Temple composé de quatre colonnes qui soutiennent un petit dôme couvrant un autel. Le rivage se termine par un pont à trois arches que l'on découvre à travers une éclairée d'arbres qui offre comme une autre allée. Le rivage de l'autre côté est tapissé d'une aussi belle pélouse ombragée de chênes & de peupliers. Sur la riviere on voit plusieurs bateaux plats destinés à l'amusement des assistans.

Je parois assis au centre de la table patriarchale avec mon épouse & nos cinq enfans avec leurs époux ou épouses à notre droite; nous sommes tous dans l'uniforme de la Communauté Philosophe, habit vert, parement rose. Tous les laboureurs des deux Ménages de Généralit, dans le même uniforme, sont placés à notre gauche : leurs femmes dans un uniforme pareil ont soin de l'ordre du repas ; & l'on les voit distribuer le vin & le pain. Le dessert est rangé sur deux bufets contre les premiers arbres de l'allée. Deux longues files de Tables, qui s'étendent de chaque côté de l'allée jusques vers son milieu, comprennent, celles à droite en vue de la riviere, premiérement mes amis, ensuite tous les étrangers de distinction, ces derniers apportent leur repas avec leur panier d'offrande ; de l'autre côté, sont tous mes censiers que je traite ce jour-là, ensuite tous les gens du peuple ; enfin les pauvres un des principaux objets & non des moins touchans de la fête.

Au milieu de ce Lycée de concorde & de joie, est la table des enfans de mes laboureurs & de mes petits-fils, tous également dans l'uniforme, présidée par le Prêtre de la fête, le gouverneur commun de leur éducation. La Musique militaire de la ville est rangée au bout des tables à travers l'allée pour exciter l'allégresse commune des convives. On lit avec satisfaction audevant du tableau ce verset des Pseaumes : *Je crois voir les biens du Seigneur dans la terre des vivans.*

En effet, dans un *Combat*, ou une dispute d'éloges, *d'Homere & d'Hésiode*, celui-ci dit au premier : » Homere égal aux Dieux ! apprends-moi ce que tu regardes comme le plus utile aux Mortels ? Le Chantre des Héros répond à l'Ami des Dieux : » Contenir un Peuple immense dans le devoir par la concorde & la joie, le rassembler dans le Cirque pour des festins mêlés de chants, où l'ordre & la décence regnent, où les tables soient couvertes de mets abondans, ou des serviteurs soigneux puisent le vin, le préparent, le distribuent aux convives ; c'est-là ce qui me paroît le Meilleur ».

FIN de Généralif.

Je ferai bientôt imprimer les *vues des Etudes de la Nature, ou Porte-feuille du Peuple*, (dont mes enfans font actuellement la copie.) avec cette épigraphe. » La conversation tomba sur Klopstock ; ils en parloient tous » avec enthousiasme, & ils ne tarissoient pas sur ses » louanges. Therese avoit copié dans Klopstock & dans » Kleist les passages qui lui plaisoient le plus, & qui en » effet étoient les meilleurs.

SIGEVARD, T. II.

www.ingramcontent.com/pod-product-compliance
Lightning Source LLC
LaVergne TN
LVHW020428230826
846091LV00004B/1426

* 9 7 8 2 0 1 3 5 8 4 3 2 6 *